Rookie
Español
Ciencias

El sistema solar

por Carmen Bredeson

Consultores
Dr. Orsola De Marco
Departamento de Astrofísica
Museo Americano de Historia Natural
Nueva York, Nueva York

Katy Kane
Consultora de educación

Jeanne Clidas, Ph.D.
Consultora nacional de lectura

Traductora
Eida Del Risco

Children's Press®
Una división de Scholastic Inc.
Nueva York Toronto Londres Auckland Sydney
Ciudad de México Nueva Delhi Hong Kong
Danbury, Connecticut

Diseñador: Herman Adler Design
Investigadora de fotografías: Caroline Anderson
La foto en la cubierta muestra el sistema solar.

Información de Publicación de la Biblioteca del Congreso de los EE. UU.

Bredeson, Carmen
  [Solar system. Spanish]
  El sistema solar / escrito por Carmen Bredeson.
     p. cm. – (A rookie reader español)
Incluye un índice.
Resumen: Una introducción a los planetas de nuestro sistema solar y a otros cuerpos
celestes como asteroides, meteoritos, cometas y lunas.
  ISBN 0-516-24446-9 (lib. bdg.)   0-516-24695-X (pbk.)
  1. Sistema solar-Literatura juvenil. [1. Sistema solar. 2. Materiales en lengua
española.] I. Título. II. Series.
  QB501.3.B7418 2004
  523.2-dc22

                  2003016567

¿Sabías que nuestro grande y brillante Sol tiene una familia? La familia del Sol se llama el sistema solar.

Los planetas y sus lunas
viajan alrededor del Sol.
También lo hacen los
asteroides, los meteoritos
y los cometas. Todos son
parte del sistema solar.

Los asteroides y meteoritos son rocas espaciales. Algunos asteroides son tan grandes como una montaña.

Los meteoritos son más pequeños que los asteroides. Pueden ser del tamaño de un grano de arena.

Un asteroride

8

Un cometa es como una
gran bola de nieve con
una roca en el centro.

Los cometas empiezan a
derretirse cuando se acercan
al Sol. Un cometa que se
derrite tiene una cola larga.

Los planetas son una parte importante del sistema solar. Hay nueve planetas que giran alrededor del Sol.

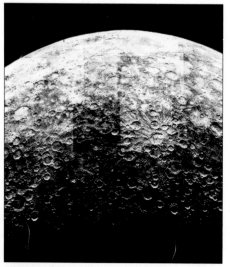

Mercurio

Venus

La Tierra

Marte

Los cuatro planetas más cercanos al Sol son llamados planetas rocosos. Mercurio, Venus, la Tierra y Marte están formados por rocas.

Marte es el planeta rojo.
El hierro del suelo le da
ese color. Muchas sondas
espaciales han visitado Marte.

15

Júpiter

Saturno

Urano

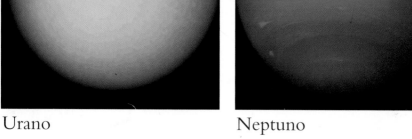

Neptuno

Los cuatro planetas siguientes se llaman gigantes gaseosos. Júpiter, Saturno, Urano y Neptuno están formados por gases.

No podrías pararte sobre ellos. Sería como tratar de pararte sobre una nube.

Saturno está rodeado de hermosos anillos. Los anillos están formados por pedazos de hielo. ¡Algunos pedazos son del tamaño de una casa!

19

El planeta conocido más lejano del sistema solar es Plutón. Es más pequeño que la luna de la Tierra. Plutón es sólido como los planetas rocosos.

Hay muchas lunas en el sistema solar. Casi todos los planetas tienen al menos una luna. Sólo Mercurio y Venus no tienen lunas.

Las lunas de Saturno

La Tierra sólo tiene una luna.

¡Júpiter tiene treinta y nueve lunas!

En la Tierra tenemos aire para respirar y agua para beber. Las cosechas crecen bajo la luz tibia del sol.
La Tierra es el lugar más adecuado para los seres vivos.

El cielo nocturno está lleno de luces. La mayor parte de esas luces son estrellas como nuestro Sol. Algunas de estas estrellas tienen planetas.

¿Podría haber otro planeta como la Tierra?

Palabras que sabes

asteroide

cometa

lunas

planetas

sistema solar

sonda espacial

Indice

Acerca de la autora

Carmen Bredeson ha escrito docenas de libros informativos para niños. Vive en Texas y disfruta viajar y hacer investigaciones para sus libros.

Créditos de fotografías

Fotografías © 2004: Corbis Images: 28 (Matthias Kulka), 27 (Karl Weatherley), 23, 30 inferior izquierda; NASA/Goddard Space Flight Center: 12 inferior izquierda; NASA/JPL/Caltech: 7, 12 superior derecha, 12 inferior derecha, 16 inferior derecha, 16 superior izquierda, 16 superior derecha, 16 inferior izquierda, 19, 24, 30 superior izquierda; Photo Researchers, NY: 4, 31 superior (David Hardy/SPL), 20 (Roger Harris/SPL), 12 superior izquierda, 15, 31 inferior (NASA/SPL), cubierta, 3, 11, 25, 30 inferior derecha (SPL), 8, 30 superior derecha (Detlev van Ravenswaay/SPL).